LES AVENTURES DE BILLY MOLAR

LA REVOLUTION DU S. MUTANS

Anne Sprabery

Illustré par Walter Policelli

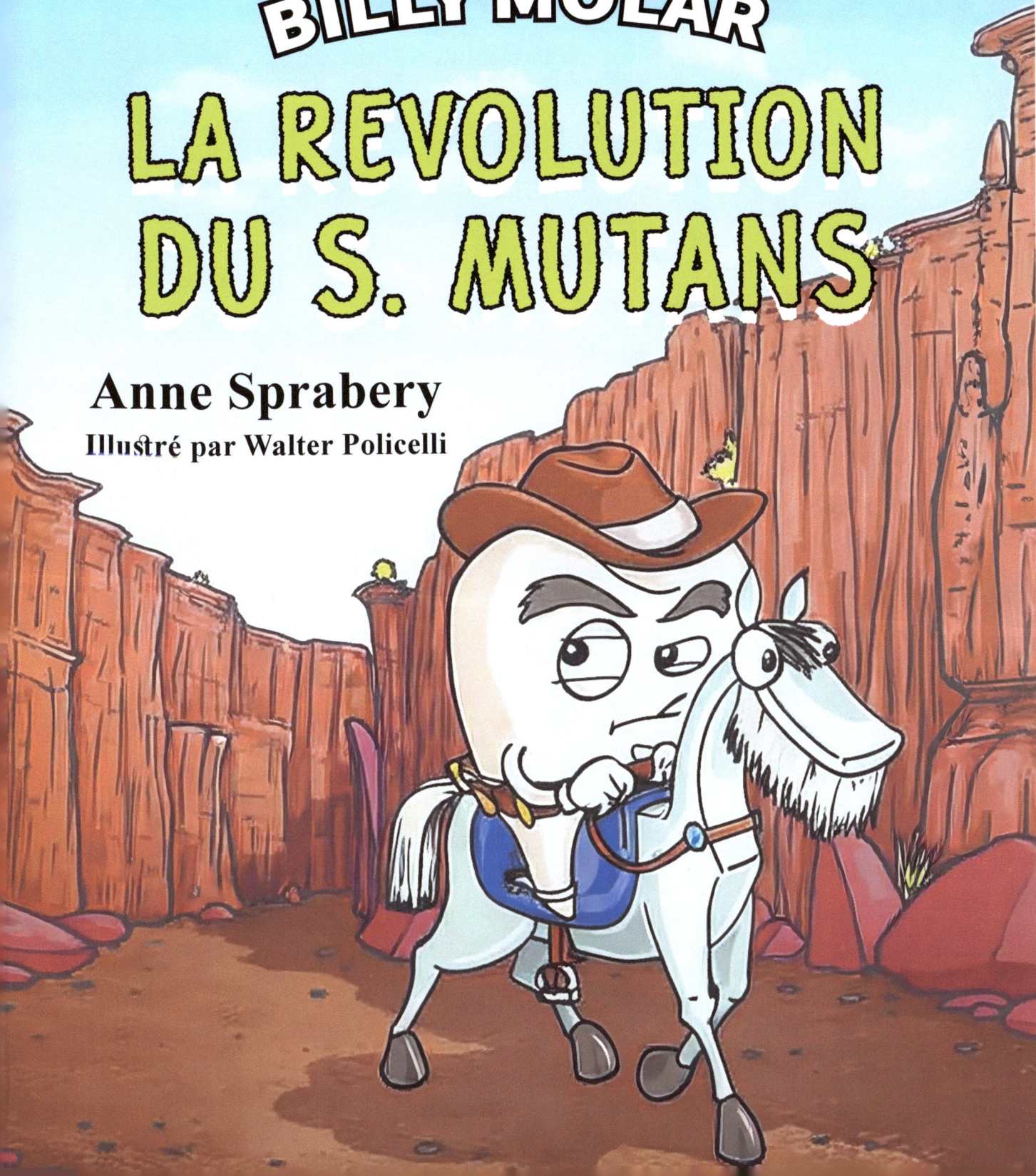

Dédié à mon cher époux, Tim, et à nos deux enfants, Aubrey et Brandon, qui m'ont incitée à poursuivre mes rêves.

Un remerciement particulier à ma défunte mèrc et à mon frère Scott, dont l'enthousiasme m'a encouragée à ne jamais abandonner.

STUDIO OF BOOKS
THE SPACE FOR YOUR MESSAGE

Studio of Books LLC
5900 Balcones Drive Suite 100
Austin, Texas 78731
www.studioofbooks.org
Hotline: (254) 800-1183

Informations sur les commandes :

Des remises spéciales sont accordées aux sociétés, associations et autres pour les achats en quantité. Pour plus de détails, contactez l'éditeur à l'adresse ci-dessus.

Imprimé aux États-Unis d'Amérique.

ISBN-13:	Softcover	978-1-968491-20-8
	Hardcover	978-1-968491-21-5
	eBook	978-1-968491-22-2

Numéro de contrôle de la Bibliothèque du Congrès : 2025915958

« *Les Aventures de Billy Molar : La Révolution du S. Mutans* »

PAR ANNE SPRABERY

revue par Nicole Yurcaba

★ ★ ★ ★ ★

« Billy se brossait les dents avec enthousiasme, attendant que son minuteur de deux minutes retentisse. Il savait que son père l'attendrait à côté de son lit pour lui raconter une histoire. Les histoires de son père étaient les meilleures. »

Dans ce livre passionnant, les jeunes lecteurs font la connaissance de Billy, dont le père raconte toujours les meilleures histoires pour l'heure du coucher. Lorsque Billy s'endort, lui et les lecteurs pénètrent dans un univers inspiré du Far West où ils rencontrent Doc Molar et Brosse. Ils rencontrent même le maire Fil dentaire, qui supplie Doc Molar et Brosse de l'aider à accéder aux mincs de xylitol, car de vilains insectes ont établi leur campement à proximité. Au cours de leur aventure, les lecteurs voient Doc Molar affronter le voleur de chips, se frayer un chemin jusqu'aux mines de xylitol et chevaucher « comme s'il n'y avait pas de lendemain » afin d'aider le maire Fil dentaire et sa ville. Ils sont également là pour encourager Doc Molar et Brosse lorsque ceux-ci aident la ville à vaincre le gang S. Mutans. À la fin du livre, les lecteurs ont non seulement vécu une aventure de rêve avec Billy, Doc Molar et Brosse, mais ils ont également appris des leçons importantes sur l'importance de prendre soin de leurs dents et de garder un sourire éclatant.

Ce livre est une aventure que les jeunes lecteurs auront envie de relire encore et encore. Les illustrations et l'intrigue de l'histoire stimuleront leur imagination. Des personnages tels que Doc Molar et Brosse sont uniques et inspirants, car ils aident les jeunes lecteurs à apprendre à respecter et à prendre soin des autres. En même temps, ces personnages enseignent aux enfants des attitudes respectueuses en général tout en leur transmettant des leçons sur l'hygiène bucco-dentaire. Les enfants apprennent l'importance de se brosser les dents, d'utiliser du fluor et de développer de bonnes habitudes qu'ils pourront conserver tout au long de leur vie. Ce livre fera sans aucun doute sourire les lecteurs de tout âge.

Votre livre a reçu la mention « RECOMMANDÉ ».

LES AVENTURES DE BILLY MOLAR

LA REVOLUTION DU S. MUTANS

Anne Sprabery

Illustré par Walter Policelli

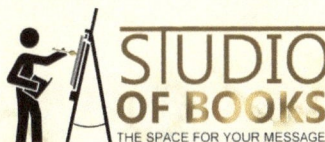

STUDIO OF BOOKS
THE SPACE FOR YOUR MESSAGE

«**B**illy, as-tu fini tes devoirs ? »

« Oui », répondit Billy. Sa mère se tenait à la porte de sa salle de bain, s'assurant qu'il se préparait à aller se coucher.

« N'oublie pas d'utiliser ton minuteur quand tu te brosses les dents ! »

Billy se brossa les dents avec enthousiasme, attendant que la sonnerie de son minuteur retentisse au bout de deux minutes. Il savait que son père l'attendrait à côté de son lit pour lui raconter une histoire. Les histoires de son père étaient les meilleures.

Billy sauta sur le lit à côté de son père après s'être brossé les dents, se demandant quelle aventure il allait redécouvrir ce soir.

Billy lui accorda toute son attention, écoutant avec enthousiasme une histoire du Far West sur un cow-boy qui avait découvert une mine d'or.

Le cow-boy rassembla autant d'or que lui et son cheval pouvaient en transporter. Ils prévoyaient de tout emmener à la ville la plus proche pour le partager avec les habitants, mais en chemin, ils tombèrent sur des bandits. Afin de partager l'or avec la ville, il dut vaincre les méchants, et lorsqu'il y parvint, il retourna en ville en héros.

« **D**'accord, mon gars », dit le père de Billy après avoir terminé l'histoire. « Tu as une journée chargée demain—il est l'heure de dormir. Que tes rêves soient aussi sauvages et excitants que le Far West ! »

« **B**rosse, ce saloon semble être un bon endroit pour s'arrêter. Bois un peu d'eau. Nous serons bientôt prêts à repartir », dit Doc Molar en descendant de son cheval.

Doc Molar s'est rendu au bar pour commander un verre de lait. Les dents assises au bar cessèrent de parler et regardèrent l'étranger.

« C'est la première fois que je te vois dans notre ville », dit le robuste barman. Il avait l'air d'un homme important. « Quel est ton nom, mon garçon ? »

Doc Molar ôta son chapeau. « Eh bien, monsieur, je m'appelle Doc Molar. Mon cheval Brosse et moi nous sommes arrêtés dans votre belle ville pour nous reposer avant de partir vers l'Ouest. »

La foule dans le saloon se tut. Tous les clients arrêtèrent ce qu'ils faisaient pour fixer Doc Molar pendant un moment.

« Es-tu le célèbre Doc Molar qui a vaincu le gang du S. Mutans à Palate, au Kansas ? » demanda la dent robuste.

« Eh bien— » commença Doc Molar avant d'être interrompu.

« Permets-moi de me présenter », dit la dent robuste. « Je m'appelle Fil dentaire. Je suis le maire de cette ville et nous avons besoin de ton aide. »

«Comment puis-je vous aider, maire Fil dentaire ? » demanda Doc.

« Nous avons des raisons de croire que quelques membres du gang du S. Mutans se cachent dans les montagnes de la ville, attendant le moment propice pour attaquer la ville. »

Doc écouta attentivement le maire lui raconter toute l'histoire.

« Le problème, c'est que nous ne pouvons pas atteindre les mines de xylitol pour nous armer des cristaux de xylitol nécessaires à notre défense. Ces méchants insectes campent juste à côté des mines auxquelles nous devons accéder. »

Doc Molar resta silencieux un moment après que le maire Fil dentaire eut terminé son histoire, réfléchissant à la situation. Finalement, il dit : « Eh bien, maire Fil dentaire, Brosse et moi ne sommes pas pressés dans notre voyage, nous serions donc heureux d'aider vos sympathiques concitoyens. »

La foule dans le bar applaudit avec enthousiasme. Avec l'accès aux cristaux de xylitol, les dents de la ville pourraient empêcher les bactéries comme S. Mutans d'envahir la ville, de les attaquer et de les rendre malades.

Doc Molar serra la main du maire et quitta le saloon.

« Eh bien, Brosse, on dirait qu'on va vivre une nouvelle aventure avant de rentrer chez nous. » Brosse hennit lorsque Doc Molar sauta sur sa selle. « Nous allons sauver cette ville en trouvant cette mine et en rendant les cristaux au maire Fil dentaire et au reste de la ville. Nous devons arrêter l'horrible gang du S. Mutans. »

Doc Molar et Brosse se mettent en route. Avant même de s'en rendre compte, ils étaient surveillés.

Doc Molar descend de sa selle, regardant la base de la montagne à l'entrée d'une des mines de xylitol.

« Brosse, c'est peut-être la bonne ! Ils n'ont dû garder que le voleur de chips à l'œil pour le moment. Allons jeter un coup d'œil avant qu'ils ne s'aperçoivent qu'il n'est plus là ! »

LEVEL 0

« Nous les avons trouvés ! » Doc Molar appela Brosse depuis l'intérieur de la grotte. « Nous avons trouvé les cristaux de xylitol ! »

Brosse hennit d'excitation tandis que Doc Molar saisit la sacoche de la selle ainsi que sa pioche.

«**B**rosse, chevauche comme s'il n'y avait pas de lendemain ». s'exclama Doc Molar. Ils foncèrent vers la ville avec les cristaux, remarquant un épais nuage de poussière qui s'agitait à l'horizon.

Doc Molar traversa la rue principale et s'arrêta au saloon. Il sauta rapidement de Brosse et franchit les portes en bois.

«**N**ous les avons trouvés ! Nous avons les cristaux de xylitol ! ». Annonça Doc Molar. Les patrons du saloon applaudirent, levant leurs verres en signe de célébration. « Mais... Les S. Mutans sont juste derrière nous ! »

La salle devint silencieuse.

« Maire Fil dentaire, quel est le moyen le plus rapide de rassembler les dents de cette ville devant le saloon pour se préparer à la bataille ? »

Le maire Fil dentaire se tourna vers le barman et lui fit un signe de tête. Le barman se précipita hors du saloon.

Alors que le clocher de l'église sonne, les dents se rassemblent autour de Doc Molar et du maire. Les dents se tournent vers Doc Molar pour obtenir des instructions—car elles n'ont jamais participé à une vraie bataille auparavant.

« La seule façon de vaincre ce gang est de travailler ensemble. J'ai besoin que vous vous dispersiez tous dans les rues et devant les magasins », indique Doc Molar. « Nous nous coordonnerons à partir de nos positions pour nous rapprocher lorsque le gang tentera d'attaquer. » Les dents firent ce qui leur était demandé, attendant avec impatience le signal de Doc Molar.

Lorsque le gang du S. Mutans arriva en ville, Doc Molar, le maire Fil dentaire et les dents se battirent pour se libérer de la maladie dans une démonstration de force épique.

Doc Molar visa les S. Mutan avec son pistolet à six coups, tirant à volonté des cristaux de xylitol et créant une barrière qui encercla les bactéries, les empêchant d'attaquer les habitants.

Des sacs remplis de fluorure volaient dans les airs à travers la rue, abattant les bactéries et construisant une deuxième barrière de protection.

Le gang du S. Mutans, blessé, battit rapidement en retraite. La foule acclama, et les S. Mutans ne revinrent jamais.

«Doc Molar, comment pouvons-nous te remercier ? » demanda le maire.

Doc Molar monta sur Brosse et se tourna vers le maire Fil dentaire. « Vous pouvez me remercier en ne permettant plus jamais à cette sale bactérie d'entrer dans votre ville. »

« Avec un signe de la main en guise d'au revoir, Doc Molar monta sur Brosse et s'en alla vers le soleil couchant. »

Le lendemain matin, Billy se réveilla en sursaut, tout excité à l'idée de raconter son rêve à son père et à sa mère. Il était déjà impatient d'entendre le prochain conte de son père à l'heure du coucher.

COMMENT BROSSER ET FILER LES DENTS

Placez les brins de la brosse à dents à un angle de 45 degrés vers vos gencives et frottez doucement les brins en faisant de petits cercles autour de l'avant et de l'arrière de vos dents. Ne brossez jamais vos dents d'un côté à l'autre—c'est trop rude pour vos dents ! Après le brossage, prenez un morceau de Fil dentaire et enroulez-le autour de vos doigts pour le tenir pendant que vous serrez vos dents en faisant un « C » avec le Fil dentaire pour envelopper la dent.

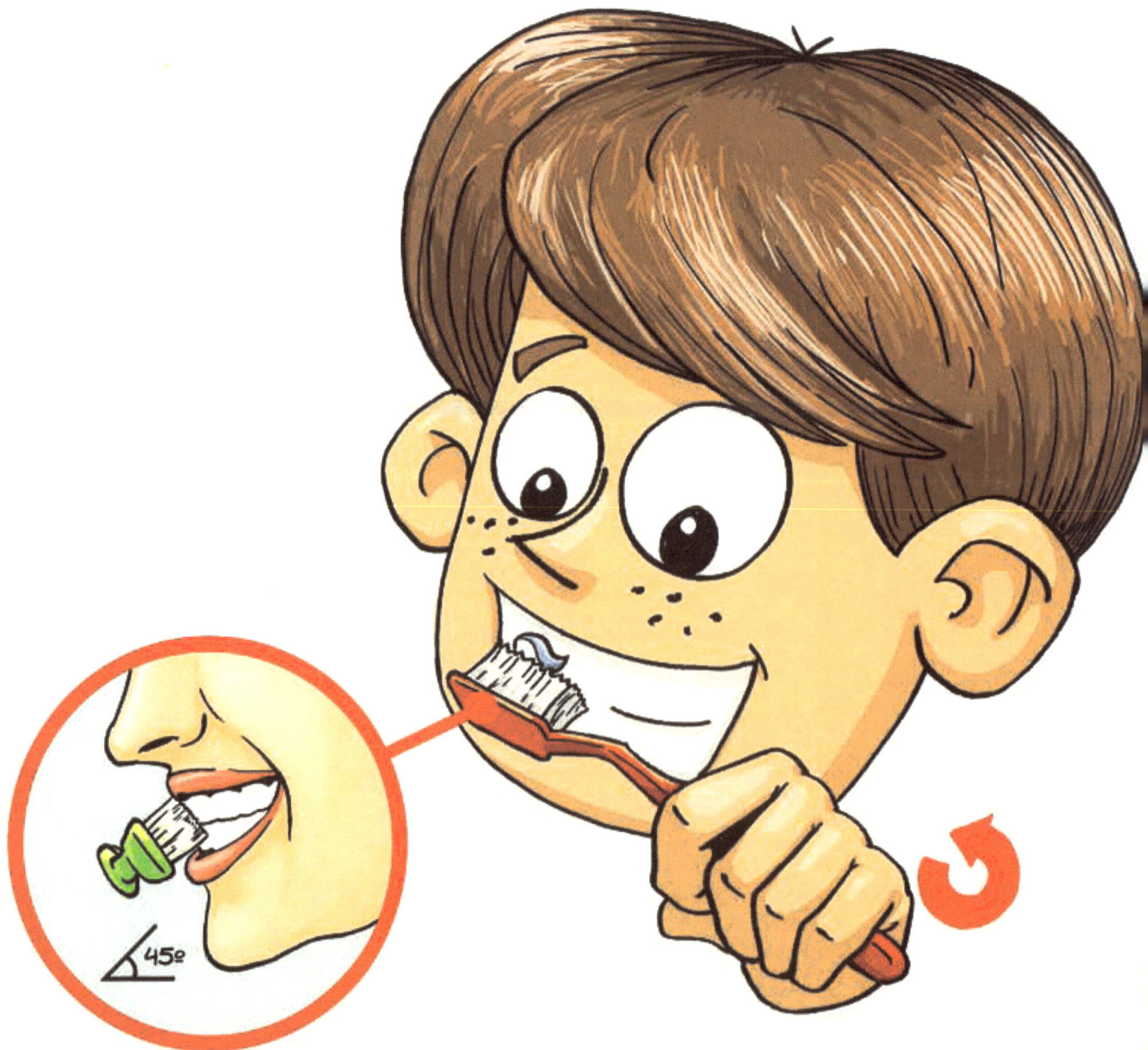

GLOSSAR

Fil dentaire – Fil utilisé pour nettoyer entre chaque dent dans les zones que votre brosse à dents ne peut atteindre.

Fluorure – Minéral qui aide à perturber la production d'acides par les bactéries et à prévenir le développement des caries.

Lait – Contient du calcium qui peut protéger vos dents contre les maladies des gencives et maintenir la santé des os de la mâchoire. Le lait contient du lactose, qui est un sucre, vous devez donc vous brosser les dents après avoir bu du lait pour éliminer les sucres restants sur vos dents.

Molaire – Dent adulte qui apparaît vers l'âge de six ans à l'arrière de la bouche. Elle sert à broyer les aliments.

Palais – Partie supérieure de la bouche.

S. Mutans – Bactérie qui se développe à partir de la plaque dentaire, s'alimentant de sucres et provoquant la formation de caries.

Brosse à dents – Accessoire utilisé pour appliquer le dentifrice et nettoyer les dents en frottant doucement toutes les surfaces des dents dans un mouvement circulaire.

Dentifrice – Substance liquide épaisse utilisée pour nettoyer les dents afin d'éliminer le tartre et autres débris.

Minuteur de deux minutes – Durée nécessaire pour brosser toutes les dents afin de les nettoyer.

Xylitol – Alcool de sucre qui empêche les bactéries d'adhérer aux dents.

À PROPOS DE L'AUTEUR

Anne Sprabery a grandi à Meridian, dans le Mississippi, et est diplômée de la Creighton Dental School. Tout au long de sa carrière de dentiste, Anne a pris conscience de la nécessité d'éduquer le public, en particulier les enfants, sur la santé bucco-dentaire de manière ludique et mémorable. Elle s'est beaucoup intéressée à la santé bucco-dentaire des enfants et a développé le désir de toucher les gens de manière positive et de partager son propre enthousiasme. Anne réside actuellement dans le Tennessee, où elle exerce la dentisterie générale dans son propre cabinet privé. En dehors de son travail, Anne aime voyager, profiter du plein air avec son mari et partir à la recherche de nouvelles aventures à partager avec sa famille. Les Aventures de Billy Molar : La Revolution du S. Mutans est le premier livre pour enfants d'Anne.

www.ingramcontent.com/pod-product-compliance
Lightning Source LLC
Chambersburg PA
CBHW061143030426
42335CB00002B/83